ÉTUDE

SUR

LES COURTIERS

ET LES

ACHETEURS DE LAINES

A LONDRES

PAR LUX

ÉDITION SPÉCIALE

Des six articles publiés du 1er Janvier au 31 Mars 1880,

par le *Jacquard*, journal de l'industrie lainière, à Elbeuf.

ELBEUF

IMPRIMERIE SAINT-DENIS ET DURUELLE

1880

LES COURTIERS

ET LES

ACHETEURS DE LAINES

A LONDRES

PAR LUX.

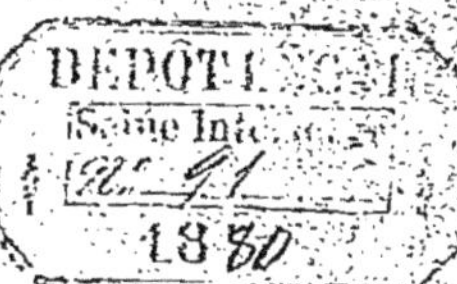

Introduction

L'importance considérable et croissante des achats de laines brutes exotiques sur le marché de Londres, pour alimenter les principales fabriques en Europe, développe sans cesse l'attention publique sur les courtiers et leurs rapports avec les acheteurs.

En songeant au rôle tout de confiance que ces mandataires sont appelés à remplir dans les transactions journalières, où des fortunes acquises par le travail sont continuellement en jeu, il est d'utilité générale d'approfondir la question au double point de vue des acheteurs et des courtiers.

Dire, sans réserve, ce que les courtiers devaient savoir, ce qu'ils ont à faire ou non, préciser les garanties qu'ils doivent donner, ainsi que leur responsabilité exacte envers leurs commettants, tel est le tableau que nous allons essayer d'esquisser.

Avec la même impartialité, il sera donné quelques conseils utiles à ceux qui surveillent leurs intérêts dans les ventes publiques de laine.

Avant d'aborder ces questions, on trouvera peut-être curieux de jeter un coup d'œil rétrospectif sur les lois qui régissaient les courtiers à l'origine des enchères de laines et de les comparer avec la législation actuelle.

Sans critiquer les dernières décisions du Parlement anglais et de la Cour des Aldermen de la Cité, on peut dire, en pratique, que le mandant est maintenant à la merci de son mandataire presque irresponsable et sans contrôle, comme on le verra plus loin.

C'est précisément pour établir des distinctions dans le nombre croissant de ces simples agents, pour prémunir les industriels et les négociants étrangers contre les risques en résultant, et pour étudier tous les moyens de sauvegarder les intérêts des acheteurs que ces lignes sont écrites.

Les anciens courtiers

Depuis plus de trente ans, lorsqu'un jeune homme, après avoir acquis une expérience reconnue dans la partie technique et financière du commerce des laines brutes, se destinait à la carrière honorable de ”sworn wool broker”, (courtier-juré en laines) il devait remplir beaucoup de formalités. D'abord, en présence de quatre témoins, payant patente et répondant de lui, il se faisait reconnaître citoyen libre de la Cité. Ensuite, il fallait produire des certificats de capacité dans toutes les questions commerciales, financières, légales et techniques concernant l'article laine, ou tout autre, sur lesquelles il briguait d'avoir à conseiller et à décider en qualité d'officier ministériel. Ces brevets devaient être aussi nombreux que possible, pour être nommé de préférence aux autres, et ils devaient être signés par des maisons anglaises anciennes et bien connues, afin d'éviter des complaisances dangereuses pour le public intéressé.

Après vérification de ces pièces, les plus méritants étaient choisis par le Lord-Maire. Alors, on procédait à la formalité des cautionnements. Il fallait présenter deux répondants qui se portaient caution, pour une somme de 12.500 francs, de l'intégrité et de la bonne gestion des affaires publiques par le postulant. Le candidat, lui-même, signait une ”bond” ou obligation, dans le même but, pour une somme de fr. 25.000, confisquée en cas de malversation, avec prison, suspension de fonctions, etc.

Ces formalités remplies, l'aspirant courtier était appelé à la cour des Aldermen où il subissait un interrogatoire sur ses antécédents, etc. Si les renseignements confidentiels obtenus sur lui étaient également satisfaisants, le candidat était nommé ”sworn broker”, courtier-juré, et prêtait alors serment de fidélité au gouvernement, aux lois et institutions de l'Empire Britannique.

Le courtier-juré recevait de la cour du Lord-Maire des règles et instructions auxquelles il devait se soumettre. Entr'autres, il était requis de tenir son livre de contrats d'affaires et d'autres à la disposition permanente des inspecteurs du ”Guildhall”. Il devait payer une patente annuelle, qui existe encore maintenant.

D'après toutes les formalités et précautions précitées, on voit avec quelle sollicitude vigilante le gouvernement anglais sauvegardait les intérêts de ses administrés, et encore bien plus ceux des commerçants étrangers. Aussi, ces derniers, avec des connaissances nulles ou imparfaites de la langue et des usages commerciaux anglais, pouvaient se lancer, en toute confiance, en Angleterre, sur l'Océan des affaires, avec un pilote sûr pour les mener à bon port.

Avec de pareilles garanties, on a vu, depuis quarante années, des acheteurs de la France, de l'Allemagne et des autres nations industrielles de l'Europe venir trois ou quatre fois par an assister aux enchères de Londres, sans presque éprouver le besoin d'apprendre la langue du pays où ils font régulièrement des affaires colossales et lucratives. Les courtiers-jurés, ainsi élus et contrôlés, offraient effectivement une sécurité parfaite. Leur compétence n'était pas discutable, ni discutée.

Les premiers négociants et industriels qui sont allés, depuis 1835, acheter des laines coloniales, à Londres, ont ensuite envoyé leurs employés ou leurs chefs trieurs de laines pour suivre des opérations avantageuses. Guidés et renseignés avec zèle et compétence par les courtiers-jurés, ces employés devenaient des connaisseurs continuant avec succès les achats de leurs maisons.

Dans le cercle, alors assez limité, des courtiers-acheteurs assermentés ayant tous fourni des preuves de compétence, on a vu grandir tous ceux qui avaient assez de force et de santé pour faire un travail quotidien aussi fatiguant que minutieux. Ils devaient sans cesse guider et renseigner leurs commettants présents et remplacer les absents qui avaient aussi toute confiance en eux. Alors, les conseils, les décisions et les certificats des courtiers-jurés faisaient autorité auprès des acheteurs dans toutes les difficultés qui peuvent surgir depuis l'achat de la laine jusqu'à son déballage à destination.

Dans les contestations entre vendeurs et acheteurs, ils exerçaient une bienfaisante influence de conciliation. Les questions de non conformité entre les échantillons et les marchandises leur étaient soumises avec confiance par les parties contractantes. Pour les avaries maritimes et autres, leurs certificats étaient admis par les compagnies d'assurances de même qu'en justice.

Toujours sur la brèche pour rechercher et signaler toutes les nouvelles intéressantes pour leurs correspondants, les courtiers d'autrefois étaient tous des connaisseurs en laines, doublés d'économistes et de conseillers d'affaires expérimentés.

Ils formaient des acheteurs à force de travail, de patience, d'abnégation, et ils s'en faisaient des amis fidèles qui se seraient fait scrupule de ne pas leur donner la totalité de leurs affaires. Il est certain que la charge n'était pas aussi facile en réalité qu'en apparence, car on compte déjà une dizaine de ces braves agents qui se sont usés vite et sont devenus fous avant la cinquantaine.

Dans la vieille confrérie des courtiers, où chacun avait fait ses preuves et possédait des aptitudes connues pour une spécialité ou l'autre, il y avait autrefois une harmonie qui n'existe plus aujourd'hui. Les titulaires qui se respectaient n'auraient jamais offert leurs services aux clients de leurs confrères sans les prévenir et presque en obtenir la permission préalable. C'était le règne des courtiers gentlemen, compétents sur toutes les questions de leur ressort et dont quelques-uns étaient des polyglotes distingués.

A côté de ces courtiers, florissaient aussi, à cette époque, sur le marché de Londres, quatre ou cinq grandes maisons de commission qui représentaient beaucoup d'acheteurs étrangers absents. Elles avaient leur courtier-acheteur attaché, avec le concours duquel elles faisaient des affaires considérables, de spéculation d'abord, et de commission ensuite, pour les maisons qui utilisaient leurs crédits et leurs connaissances. Les grands commissionnaires anglais et allemands firent gagner beaucoup d'argent aux courtiers, qui étaient alors à l'apogée de leur puissance, mais ils ne tardèrent pas à vouloir aussi dans leur personnel un courtier assermenté pour leurs affaires exclusives. Les hommes spéciaux les plus capables de ces maisons se firent recevoir courtiers.

A partir de l'année 1865, l'industrie lainière prit un grand essor en Europe, et la production des laines coloniales s'accrut chaque année en proportion; tous ceux qui touchaient à la laine des colonies obtenaient de beaux résultats.

La plupart des acheteurs de laines avaient acquis les connaissances suffisantes pour faire eux-mêmes une bonne partie de leur travail de choix et d'estimation à Londres, sans avoir besoin de leur courtier à chaque instant. Malgré cela, les courtiers faisaient d'aussi bonnes affaires et inspiraient une certaine envie à ceux qui ne pouvaient pas lever le voile qui dérobait aux regards le revers de la médaille. Il faut dire, en passant, que la discrétion la plus absolue a toujours été l'apanage des vieux courtiers, qui ne parlaient jamais de leurs propres affaires plus que de celles que le public leur confiait. Mais, sur les apparences, on faisait des suppositions exagérées des résultats du courtage, sans tenir compte des risques courus aussi bien avec les marchandises qu'avec les finances, et des frais énormes de bureau.

Les courtiers-vendeurs ne reconnaissent aux enchères que les courtiers-acheteurs et les tiennent bel et bien responsables des lots adjugés et des payements. Si un courtier-acheteur a des clients, oublieux ou peu délicats, qui ne réclament pas certains lots traités pour eux sur un ordre verbal; si dans les enchères confuses un lot de laine est appliqué par les vendeurs aux bancs occupés par un courtier sans que celui-ci s'en aperçoive à temps pour protester, il est forcé d'en prendre livraison à ses risques et périls, et il perd souvent beaucoup en le revendant.

Au point de vue financier, le courtier-acheteur est également responsable envers les vendeurs du payement intégral en espèces des lots achetés au fur et à mesure de leur enlèvement, dans un délai qui ne doit pas dépasser quatorze jours; ce qu'on appelle en anglais le *prompt*, pour lequel aucune déduction n'est faite si l'on prend livraison avant ce terme et ce, toujours en écus contre marchandise.

Lorsqu'un ou plusieurs clients s'attardent pour faire des remises avant ces quatorze jours, le courtier-acheteur est forcé quand même de payer les laines de ses clients. Il y a là un grand danger pour les acheteurs, car si un courtier a, le sachant ou non, un ou plusieurs commettants devenus incapables de faire face aux échéances, et que, par complaisance ou camaraderie, comme cela se pratique, il ait fait les avances de fonds des échéances d'un insolvable, il peut gravement compromettre les intérêts des autres clients riches pourvoyant à leurs échéances, mais dont les intérêts deviennent solidaires, puisqu'ils sont confondus dans la même charge. Les courtiers n'ont pas généralement beaucoup de fortune pour faire face à de pareilles éventualités. Dans leurs offices, comme chez les négociants, il s'établit un mouvement de caisse dans lequel toutes les remises des clients sont souvent confondues chez leurs banquiers et servent aux exigences précitées de l'ensemble des affaires d'un courtier. De là, il résulte que c'est chez les courtiers qui groupent autour d'eux le plus grand nombre de maisons anciennes et riches qu'il y a le plus de sécurité.

A ces risques de perte, on doit ajouter les frais de bureau. Pour produire un travail de bureau irréprochable, sans erreur, il faut des financiers et des comptables compétents et bien payés. Quant à la partie technique, c'est-à-dire l'évaluation des laines, il y a des courtiers anciens qui continuent de la faire eux-mêmes, à cause de l'extrême rareté de connaisseurs assez experts dans tous les genres, et aussi parce qu'une charge ordinaire ne permettrait pas de payer des appointements assez élevés pour s'attacher des connaisseurs d'une compétence reconnue.

Sans aller plus loin, on peut voir que dans un office de courtier bien posé à Londres, il y a des frais beaucoup plus considérables que ceux d'un bureau d'égale importance en France ou en Allemagne. On n'exagère rien en disant que la différence est de 50 à 40 0/0 en défaveur du coût du travail en Angleterre pour ce genre d'affaires.

Ce qui prouve que les résultats des courtiers sont très lents, c'est que l'on peut voir encore sous le harnois des affaires, des courtiers âgés et de l'ancienne souche qui travaillent aussi longtemps que leurs forces ne trahissent pas leur bonne volonté. Ceux qui, de 1835 à 1879, ont résisté aux fatigues du travail et qui sont arrivés à une fortune modeste n'atteignent pas une douzaine.

Malgré cela, le prestige des courtiers-vendeurs de laine qui, eux, ont presque tous fait une belle fortune, s'est étendu, on ne sait pourquoi, aux courtiers-acheteurs dont nous nous occupons plus particulièrement aujourd'hui.

Jusque dans ces dernières années, les courtiers-vendeurs prélevaient un pour cent pour vendre des consignations aux enchères. Ils recevaient des banques australiennes, des négociants représentant, à Londres, les squatters australiens, ou même de ces derniers des connaissements de laines sous voiles.

Presque toujours sans responsabilité financière, et parfois avec avance de fonds sur documents avec l'aide de banques spéciales, les courtiers-vendeurs recevaient des consignations considérables et lucratives. Leur travail est peu compliqué. Les Compagnies de Docks ou de magasins publics se chargent de toute la manutention des balles de laine depuis le débarquement jusqu'à la livraison pour un prix à forfait. Le vendeur fait classer les lots sur échantillons, lorsque cela n'est pas fait par le producteur; il en donne une estimation qui ne l'engage à rien. Il fait imprimer ses catalogues, reçoit les limites des vendeurs, préside la vente, envoie les factures, donne des ordres de livraison des laines contre espèces et il prélève maintenant 1/2 0/0 pour ce travail, dans lequel il ne paye guère de sa personne. Avec une vente moyenne de 7.000 balles à 500 francs, il adjuge 3.500.000 francs et perçoit 17.500 francs en une séance de 2 à 3 heures. On a déjà vendu 10.000 balles et davantage par jour, soit 5.000.000 francs ou 25.000 francs pour le courtier-vendeur. Mais là aussi, il y a outre la partie apparente, qui est très belle, celle qu'on ne voit pas: les grands frais et parfois aussi les grands risques qui ont fait des victimes.

Plus loin, on verra tout ce que le courtier-acheteur doit faire pour la même rémunération de 1/2 0/0 et l'on conviendra que sa part est moins belle. Une bonne maison de courtage peut s'estimer heureuse quand elle fait une moyenne de 40.000 balles par an, soit environ 20 millions ou 100.000 francs brut. Avec cette somme, il faut payer tous les frais de bureau, couvrir les risques et pertes précitées, entretenir un personnel coûteux et faire vivre la famille. Partagez cela entre deux associés, et vous trouverez que ce sont des positions bien ordinaires. Pour bien faire des affaires de cette importance, il faut six ou sept employés quand les courtiers travaillent beaucoup eux-mêmes.

Comme on l'a vu, tous les courtiers de marchandises et les agents de change relevaient jadis de la cour du Lord-Maire, qui les contrôlait quelquefois d'une manière gênante pour les « stock brokers » agents de change à la bourse, corps très puissant, mais rarement pour les autres.

Beaucoup de courtiers ne trouvaient pas facilement à remplacer leurs répondants décédés et devant fournir les cautionnements requis par la loi.

A la suite d'une réquisition de la cour des Aldermen, pour que les cautionnements des courtiers-jurés soient vérifiés et complétés en cas de décès des répondants, il se forma, en 1866, une ligue très influente des agents de change et des courtiers en marchandises. Ils trouvaient intolérable la juridiction de la cour des Aldermen et voulaient la faire supprimer.

Une grande réunion des courtiers adhérents à cette réforme eut lieu le 14 Mars 1870, et M. William Fowler, membre du Parlement, fut chargé de faire passer un Bill au Parlement pour l'abolition du contrôle de la cour des Aldermen, et partant des lois, réglements et obligations dont il a été question précédemment.

Pendant la même année, toutes les influences les plus puissantes furent employées, et le bill précité ayant passé, les anciens courtiers furent affranchis de la cour des Aldermen. Des nouvelles lois furent promulguées dans un sens extrêmement libéral pour cette profession. C'est alors que s'ouvrit l'ère des nouveaux courtiers de marchandises.

Les nouveaux courtiers en laines

Après l'abrogation des lois régissant l'élection et le contrôle des courtiers, il s'écoula plusieurs années sans que personne ne songea à utiliser la nouvelle situation dans les affaires de laines brutes.

Il semblait, en effet, bien difficile de réunir un personnel de connaisseurs de laines et de spécialistes de bureau nécessaires pour monter une maison de courtage pouvant inspirer confiance aux anciennes maisons habituées à un travail complet et sérieux chez les anciens courtiers.

Ces transformations, désirables peut-être pour les agents de change ou les courtiers qui n'inspiraient, sans doute, plus assez de confiance pour faire remplacer leurs répondants décédés, n'étaient aucunement nécessaires pour les courtiers de marchandises en général, car elles portaient atteinte à leur prestige, comme à leur autorité auprès du public.

Examinons aussi la question au point de vue des acheteurs de laine habitant l'étranger.

En abolissant les références, les certificats de capacité, les cautionnements, les contrôles et en un mot tout l'édifice sur lequel reposait le courtage assermenté, on ne gênait plus les agents de change ni les courtiers forcés de remplacer des répondants décédés; mais, malheureusement pour le public, on ouvrait cette carrière de pure confiance aux gens incapables et même déclassés.

Les anglais, qui savent parfaitement ce qui s'est passé, ont fait un accueil assez froid aux nouveaux aspirants qui se sont déclarés eux-mêmes courtiers en remplissant quelques formalités banales.

Mais, quelques étrangers, qui ont longtemps ignoré ces transformations, ont commencé par traiter les nouveaux venus presque sur le même pied que les vétérans.

Sous le prestige de ces anciens guides de confiance, forts de leurs services rendus, s'agitaient activement des aspirants de toutes les classes. On en a vu pousser la hardiesse, après quelques années d'un travail secondaire dans le courtage, s'intituler courtiers et faire accueillir leurs offres de service par des étrangers, qui s'imaginaient, sans doute, qu'il y avait encore toutes les garanties anciennes dont nous avons parlé.

Dans ce doute sur la véritable situation des courtiers et du public, il était bien facile de remplacer l'impéritie et l'inexpérience par la jactance et même par la promesse d'amélioration du travail à faire.

A ceux qui ne voient que la surface des choses, il est très facile de leur donner le change. On peut engager des employés médiocres, sans aucune expérience du métier, tant pour le bureau que pour les docks, et les avoir sans peine, pour des appointements réduits. En se promenant le matin dans les docks, plutôt pour se faire voir aux acheteurs que pour les aider, et en criant avec aplomb beaucoup d'enchères d'emblée, sans se préoccuper s'il y a moyen d'obtenir un lot ou une série à 5 ou même 10 0/0 meilleur marché, le crieur public ou le courtier, tel qu'on l'utilise parfois aujourd'hui, a joué son rôle et produit l'effet auquel il vise sans cesse pour se poser.

— Mais tout cela ne me suffit pas à moi, manufacturier ou négociant, et comment faire pour rester dans le vrai et l'utile sans courir de risques ?

Il ne faut pas croire qu'à l'avenir il ne puisse plus y avoir de bons courtiers à Londres, parce que le Parlement et le Lord-Maire ne s'en occupent plus que pour mémoire. La plupart des courtiers d'ancienne date formeront et laisseront des successeurs élevés dans les traditions saines et utiles au public.

En réformant le travail, en le simplifiant pour le réduire au rôle trivial de simples crieurs publics, les courtiers inscrits depuis 1871, offrent un travail qu'ils savent incomplet, inférieur, sans contrôle et presque sans responsabilité; ils le font avec des tentations aux acheteurs ou à leurs maisons et ils s'en tirent comme ils peuvent en sauvegardant plutôt leurs intérêts que ceux de leurs clients par tous les moyens dont ils disposent. Ils s'estiment heureux qu'un certain public leur donne des occasions au rabais d'acquérir de l'expérience à ses dépens.

Il est pourtant regrettable de constater que la tendance de quelques maisons soit pour le courtage au rabais, puisque les anciens courtiers ont déjà de la peine à conserver des employés spéciaux capables sans les augmenter annuellement et que tous les autres frais s'accroissent également. Ne voulant pas déroger aux vieux principes, ni utiliser du travail de bureau à prix réduit, les anciens courtiers résistent à outrance. Dernièrement, il y en a un des plus honorables et des plus anciens, ayant rendu des services signalés à plusieurs grandes maisons de France et d'Allemagne, en formant et guidant leurs acheteurs pendant plus de trente années, qui a préféré se retirer des affaires plutôt que de réduire son courtage. Ceux qui travaillent comme lui affirment qu'ils sont prêts à en faire autant.

Dans les circonstances actuelles, où le public, l'étranger surtout, devient l'arbitre des mandataires qu'il a le droit de choisir pour le représenter, il faut qu'il sache exactement quels sont les services que les bons courtiers anciens ou modernes doivent rendre à leurs clients.

Sans nous arrêter plus longtemps sur la nouvelle classe de courtiers, qui a encore toutes ses preuves à faire, nous allons examiner les devoirs de tous les courtiers en laines sans distinction.

Devoirs du courtier en laines

Le courtier doit avoir assez de connaissances générales de l'économie politique et de la statistique pour étudier les conjectures des affaires en général et de l'article laine en particulier. De l'exactitude des avis confidentiels d'un courtier sur les tendances à la hausse ou à la baisse de la matière brute, dépend souvent la marche plus ou moins fructueuse des affaires de ses commettants.

Le bon courtier doit toujours être à la piste de toutes les nouvelles concernant son article et les communiquer sans délai à ses clients.

Le courtier en laines qui n'a pas des connaissances techniques bien éprouvées et sanctionnées par une longue pratique peut être fort dangereux pour les acheteurs, qui subissent son influence, en donnant des estimations erronnées sur les cours des genres spéciaux à chaque fabrication.

Un courtier expérimenté, dont les connaissances en laines ont été souvent mises à l'épreuve, avec succès, offre à ses clients les avantages suivants :

1er Par ses appréciations sur la marche probable des cours, le bon courtier est comme un pilote. On peut le consulter utilement sur l'opportunité de vendre, ou non, tels ou tels lots de peigné, fils ou tissus selon les probabilités de pouvoir les remplacer plus ou moins avantageusement en achetant des laines brutes.

2o En travaillant patiemment aux docks et en prenant des notes sérieuses sur les laines exposées, le vrai courtier peut donner des appréciations très utiles à ses acheteurs sur les rendements, la valeur et les résultats en manutention des différentes laines et leur épargner ainsi des essais coûteux ou des enchères trop élevées.

3e Les avis techniques du courtier-acheteur sur la valeur courante des qualités diverses sont également précieux pour les absents, qui peuvent régler la vente de leurs produits en conséquence, et donner mandat d'acheter pour eux les genres convenables en restant dans les limites indiquées.

4e Le courtier qui examine sérieusement et cote les lots aux docks, signalera à l'acheteur qui lui donne des limites, s'il y a des balles avariées, inférieures ou mélangées dans un lot, et il pourra s'apercevoir si un lot a été coté par erreur à la place d'un autre. Ces avis évitent quelquefois des pertes regrettables, car dans un travail, souvent précipité, une estimation est mal mise sur le catalogue ou recopiée avec erreur sur une liste d'enchères à crier.

5e Le courtier connaisseur, non seulement donne de précieux renseignements aux absents, mais il peut en donner aux acheteurs présents, les aider de ses conseils et de ses observations sur les résultats en manutention de tel ou tel genre de laine. Après avoir suivi les genres de laines convenables pour une maison pendant quelques ventes, il doit être capable de remplacer l'acheteur qui peut tomber malade ou qui a besoin de s'absenter.

6e N'est-il pas utile, sinon indispensable, d'avoir des courtiers capables de guider les acheteurs timides et de former les nouveaux qui arrivent dans cet océan d'affaires, où il faut une bonne boussole et un conseiller dévoué ?

7e Les courtiers qui ne visitent pas les magasins régulièrement pour évaluer les lots sont toujours trop empressés à mettre des enchères d'emblée, de peur de perdre leur courtage. Ils sacrifient souvent l'argent d'un amateur qui se fait quelquefois illusion sur la véritable valeur d'un lot auquel il tient.

Voici entr'autres quelques négligences du service des courtiers qui peuvent avoir des conséquences les plus fâcheuses pour les acheteurs :

1o En cherchant à placer les fonds disponibles des clients dans des banques ou entreprises peu sûres, offrant l'appât de forts intérêts, les capitaux du commettant courent de grands risques.

2o Lorsqu'un courtier, qui n'a pas assez de fortune, utilise les fonds déposés par un client de tout repos pour payer et expédier les achats d'un autre client de crédit douteux qui promet de promptes remises et les fait difficilement, il expose à chaque instant les capitaux de la meilleure partie de sa clientèle pour entretenir la partie faible.

3o Par les mélanges et embarras financiers précités, il arrive que des laines ne sont pas expédiées selon les instructions des commettants créditeurs qui perdent des intérêts payés par les commettants débiteurs, outre des chômages dans les fabriques.

4o Quand des courtiers se lancent dans des spéculations de bourse, d'achats de laines brutes ou avances de fonds sur des laines sous voiles, faites par les courtiers-vendeurs et acheteurs, dont la valeur est le plus souvent inconnue ou surfaite, leur position peut subir des atteintes profondes, mais invisibles, qui rendent dangereux les dépôts ou payements, maintenant sans garantie chez les simples agents appelés courtiers-acheteurs.

5o Dans les réclamations à faire valoir pour des emballages frauduleux, de qualités inférieures ou de matières étrangères à un lot, pour les manques de poids, les substitutions de balles, l'obtention des dommages-intérêts, même quand les délais réglementaires sont expirés, est souvent compromise par l'inexpérience du courtier pour rédiger les procès-verbaux et les pièces nécessaires, ainsi que par son peu d'influence et son manque d'énergie et de ténacité.

6o Dans toutes les questions litigieuses, qui peuvent surgir depuis l'adjudication des marchandises aux docks jusqu'à leur arrivée aux destinataires, avec les courtiers-vendeurs, les intendants des docks, les entrepreneurs d'alléges, de camionnage et d'expédition, et, surtout, avec les compagnies d'assurances contre l'incendie o contre les risques maritimes, il y a une foule de précautions à prendre et de règles d'expériences à observer, sans lesquelles le courtier inexpérimenté ou indolent peut faire courir de grands risques à ses correspondants envers lesquels il n'est que moralement responsable.

7o Les observations précédentes s'appliquent aussi à ces affaires au point de vue financier. Combien de petites pertes répétées se produisent sur des négociations de valeur par des gens inhabiles, peu soucieux des intérêts qui leur sont confiés, ou n'ayant pas le crédit et les relations financières voulues ?

8o Un agent quelconque se crée facilement des sympathies parmi les courtiers-vendeurs en criant toujours bien fort ses enchères d'emblée à la limite maximum ou en entrant, sciemment ou non, avec entrain dans le mouvement ascensionnel des enchères jusqu'à sa limite extrême, même s'il ne suit pas de l'œil ou de l'oreille les enchères véritablement faites par des acheteurs de bon aloi. Certains courtiers-vendeurs ont une propension très marquée à voir des mises à prix, même où il n'y en a pas, afin de vendre leurs laines le plus cher possible. De cette façon, avec un acheteur inexpérimenté, indélicat, trop avide de traiter une affaire ou briguant les faveurs des courtiers-vendeurs, il y a souvent 1/2 et même un denier par livre, soit 12 ou 24 centimes par kilog., de perdu pour l'acheteur, ce qui est en moyenne plus que son bénéfice.

9° Beaucoup de courtiers, se conformant à l'article 4 de l'ancien réglement, s'abstiennent par principe de prendre des risques financiers, de quelque nature qu'ils soient, dans les transactions entre vendeurs et acheteurs. Ils ne veulent pas faire traite sur leurs clients ni accepter des remises à longue échéance, afin de ne pas mettre leurs signatures en circulation. Ces opérations ne sont pas effectivement dans l'esprit du vrai courtage. Le courtier doit écarter tous les risques personnels, afin d'offrir constamment la sécurité absolue aux commettants, sans leur imposer une surveillance incessante. Il ne faut pas se dissimuler que les commettants les plus honnêtes peuvent, par des circonstances indépendantes de leur volonté, subir des pertes les mettant dans l'impossibilité de payer leurs acceptations.

Si un courtier se laisse entraîner dans la voie des traites ou des remises à terme pour les affaires de certains clients, il sort de son rôle. Il met en danger les fonds des autres mandants qui payent leurs laines au comptant par son ministère. A leur insu, les clients au comptant peuvent devenir solidaires des acheteurs à terme chez le courtier trop accommodant. Après les crises commerciales ou financières et les guerres, qui font déjà tant de victimes, les courtiers pourraient bien en faire quelques autres par le contre-coup de la chute d'acheteurs à long terme ou de spéculateurs malheureux.

Sous l'ancien régime, les répondants solidaires du courtier-juré s'opposaient énergiquement aux genres d'opérations hazardeuses précitées, tant pour leur propre sécurité que pour celle du public. Maintenant, on doit savoir que ce sont les courtiers les plus consciencieux qui repoussent les tentations d'empiéter sur le domaine des banquiers et de prendre leurs petits profits et leurs grands risques dans certaines périodes critiques. Il y a bien peu de courtiers qui aient une assez grande fortune pour prendre de pareils risques dans la laine, où les affaires peuvent atteindre des chiffres considérables, surtout en les forçant.

10° On est souvent fort surpris à la salle de vente —où le courtier doit être comme l'avocat de toutes les causes, bonnes ou mauvaises, de ses clients — de voir certains courtiers, fort loquaces en tête à tête, ne pas oser ouvrir la bouche en public. Les meilleures causes, dans lesquelles les intérêts d'un acheteur sont menacés, demandent beaucoup d'expérience des us et coutumes des ventes publiques, qui ne sont pas plus codifiées que les lois anglaises. Il faut aussi une facilité d'élocution pour exposer succinctement des arguments convaincants afin d'enlever les votes favorables des collègues qui décident en dernier ressort. Les bons défenseurs pour relever les passe-droits des acheteurs sont rares. Il y a des courtiers-acheteurs qui craignent de se mettre en contradiction avec les vendeurs. Ils se contentent de balbutier quelques piètres excuses, de faire des gestes désespérés ou menaçants, afin de faire croire à leur client qu'il n'y a rien à faire apres cette piteuse défense.

Certes, il ne faut pas irriter les vendeurs par des plaintes et réclamations incessantes, mais il est nécessaire, dans l'intérêt des acheteurs, que leur courtier sache faire respecter leurs droits avec tact et modération.

Les courtiers-vendeurs les plus intelligents cherchent à produire et à entretenir une grande animation dans les enchères, en évitant les altercations avec les acheteurs. Lorsque tous les acheteurs crient ensemble à tue-tête leurs prix pour un lot, ce qui arrive souvent pour les suints, il est souvent impossible au vendeur d'entendre et de distinguer la mise à prix maximum, ni, par conséquent, d'être certain que tel ou tel l'a mise le premier.

Tous les acheteurs prétendent y avoir droit. Alors le vendeur habile décide tantôt dans une direction, tantôt dans une autre, pour conserver le bon vouloir de tous, indispensable au succès de la séance. Il faut donc se contenter dans les cas douteux d'une certaine proportion des lots vivement disputés, afin de ne pas faire des plaintes trop fréquentes et de s'aliéner les votes des collègues et la bonne volonté des assesseurs.

On serait tenté de croire que ce sont toujours les courtiers anglais qui réussissent le mieux dans ces difficultés professionnelles; mais tel n'est pas le cas. Les anciens courtiers d'origine allemande et française ont souvent fait des speeches bien sentis et gagné des causes difficiles dont on parle encore. Si un courtier ne sait pas, ou ne peut pas défendre un client en sa présence, que fera-t-il dans les nombreuses difficultés qui surgissent en son absence ?

Pour ne pas fatiguer la patience des lecteurs en poussant plus loin cette critique inexorable, on peut, d'après ce qui précède, conclure que la science du courtier en laines est loin d'être à la portée de tous ceux qui en prennent le titre et qu'elle ne peut s'acquérir en quelques années.

Désormais tout le monde peut être courtier en laines; mais, en réalité, personne ne réunit toutes les connaissances et les qualités désirables pour exercer cette honorable profession avec la perfection constante qui devrait être sa seule raison d'être.

Qu'on se rende bien compte 1o de toutes les connaissances nécessaires; 2o du travail quotidien à produire sans relâche pendant toutes les ventes publiques; 3o de la délicatesse à toute épreuve pour mener à bonne fin des opérations importantes; 4o de l'entrain raisonné qu'il faut entretenir dans un noyau d'acheteurs ayant des exigences et de caractères différents; et enfin 5o des frais énormes dans les bons bureaux de courtiers à Londres, et l'on appréciera davantage les hommes intelligents qui font depuis longtemps tous leurs efforts pour apprendre à augmenter les fortunes de leurs commettants en écartant tous les risques indiqués.

Ayant traité la question des courtiers sous ses phases les plus curieuses, au point de vue de la sécurité qu'ils doivent à leurs juges, les acheteurs de laines, ces derniers trouveront peut-être intéressants et utiles les conseils pratiques qui suivent.

Conseils aux Acheteurs de Laines

En réfléchissant aux conséquences du fonctionnement régulier de tous les détails du travail des courtiers, indiqués précédemment, les acheteurs reconnaîtront l'opportunité des recommandations suivantes:

1o Il faut avoir ou choisir un courtier qui soit capable de remplir scrupuleusement les principaux devoirs tracés dans les pages qui précèdent, sans tomber dans les écueils indiqués.

2o Il faut donner un mandat de confiance aux personnes qui ont toujours fait preuve de la plus grande délicatesse pendant toute la durée de leur carrière commerciale. En pénétrant aussi dans leur vie privée, on peut s'assurer de la droiture inflexible de leurs procédés, ou de certaines prédispositions compromettant la sécurité nécessaire dans une pareille mission.

3o Puisque la cour des Aldermen ne demande plus de certificats de capacités, ni de cautionnements, c'est aux acheteurs à s'assurer que leurs mandataires possèdent réellement l'expérience, les connaissances et les ressources voulues. Ceux qui, dans la carrière de courtage, n'ont pas beaucoup vécu en observateurs, n'attachent qu'une faible importance aux difficultés dont ils ne connaissent pas les graves conséquences pour leurs clients. Dans le travail des finances, des transports, des assurances contre l'incendie ou les risques maritimes, des procès-verbaux pour dol, manque de poids, substitutions ou pertes de balles, constatations d'avaries par le feu ou par la mer, etc., certaines précautions négligées ou vérifications omises peuvent entraîner des procès coûteux en Angleterre. Ils n'ont pas été fréquents dans ces dernières années; mais ils sont là, sans cesse suspendus sur la tête des acheteurs trop confiants ou des courtiers inexpérimentés. Lors du grand incendie des magasins d'Aldgate, des millions de laine ont été détruits; au moment de la guerre entre la France et la Prusse, des milliers de balles de laines sont tombées en pourriture sur les quais; dans les derniers abordages de navires destinés aux ports de la France et de la Belgique, des centaines de balles ont été coulées à fond, et dans les coups de mer, encore plus fréquents qu'on ne le croit, dans la Manche, beaucoup de chargements arrivent avariés. Voilà des faits ne remontant pas bien loin, et pouvant se reproduire encore, qui prouvent qu'il faut toujours être en mesure sur toute la ligne, si l'on ne fait pas des affaires un jeu de hasard.

4º D'après les explications sur la partie financière du courtage, il est établi que les courtiers payant eux-mêmes pour tous leurs clients au comptant comme pour ceux à terme, la solidarité s'établit forcément entre eux. Il en résulte l'obligation pour les acheteurs de surveiller la position financière de leurs courtiers, absolument comme celle du client auquel ils accordent le plus grand crédit, en faisant passer par ses mains toutes les ressources dont ils disposent pour leurs achats. Les banquiers prudents demandent quelquefois à donner un coup-d'œil dans les livres de leurs gros débiteurs; pourquoi les forts acheteurs de laines, qui ont des doutes, n'on feraient-ils pas autant chez leurs courtiers pour remplacer le contrôle de l'ancien temps, qui avait son bon côté? Au reste, pour s'assurer de l'état des ressources d'un courtier, on fait bien de temps à autre de lui demander de faire une sortie de caisse de quelques jours pour des laines à expédier de suite.

5º Le sondage des ressources du courtier-acheteur n'est pas difficile, mais il devient presque impossible lorsqu'il s'agit de la position des courtiers mixtes, c'est-à-dire des courtiers qui cumulent la vente et l'achat.

Les courtiers vendeurs-acheteurs, pour lutter contre leurs puissants confrères les courtiers-vendeurs, font des avances, dites documentaires, de plus en plus considérables pour s'assurer des consignations et des ventes de laines. Jadis, on n'avançait que 75 0⁄0 de la valeur des laines sous voiles en recevant les documents, c'est-à-dire, les connaissements et les factures originales d'Australie. Maintenant, les consignateurs sont plus exigeants pour les avances et, parfois, moins consciencieux sur les prix des factures de leurs produits consignés.

Il en résulte que certains courtiers-vendeurs mal renseignés, trop hardis ou trompés, se trouvent, après réalisation des consignations, avec des différences considérables en moins, dont le recouvrement s'opère difficilement ou pas du tout. C'est ainsi qu'on a vu sombrer récemment une bonne maison de courtiers-vendeurs, qui a joui d'un grand crédit jusqu'au dernier moment en conservant les sympathies et l'estime de ses confrères. Vers la même époque, de pareilles pertes ont été supportées courageusement par d'autres courtiers dont les crédits n'ont pas apparemment souffert; cela prouve qu'il y a de très gros risques dans ce genre d'affaires de ventes, qui viennent s'ajouter à ceux qu'on a signalés pour l'achat, et, de là, beaucoup de difficultés pour se renseigner sur une position de courtier-mixte.

Malgré cette incertitude, on peut dire que la plupart des courtiers-mixtes ont assez de ressources pour faire leurs affaires de vente et d'achat. Cela étant admis, on se demande s'il y a un avantage pour l'acheteur de choisir un courtier-mixte. En pratique, on reconnaît qu'un acheteur a parfois la préférence, avec une mise à prix égale et simultanée, dans la vente de son courtier-mixte; mais dans les autres ventes il n'a pas cet avantage. Les acheteurs chez un courtier-mixte ressentent aux ventes de tous les autres courtiers-vendeurs, les aigreurs de la concurrence de ces derniers, avec le courtier-mixte qui recherche les mêmes consignations. Une petite préférence dans une vente procure parfois de grands désavantages dans toutes les autres. Les courtiers-acheteurs spéciaux ne portent ombrage à personne lorsqu'ils se respectent, car leur travail encouragé contribue au succès de toutes les ventes. Le courtier-mixte est toujours dans une fausse position. Il faut qu'il vende cher pour les détenteurs, et qu'il achète au meilleur marché praticable, s'il veut sauvegarder les intérêts de ses acheteurs. Où est la limite entre ces deux intérêts opposés ? Chez certains courtiers-mixtes l'obligation de sauver les apparences, en ne donnant pas trop souvent la préférence à leurs acheteurs, fait que d'autres acheteurs obtiennent aussi une certaine proportion des lots disputés et douteux. Quand il en est autrement, le courtier-mixte s'expose à être rappelé à l'ordre par un vote de censure de tous les acheteurs présents, provoqué par un courtier ou un acheteur assez habile pour défendre de pareils abus, comme cela arrive de temps à autre.

6o Quoique l'acheteur doive posséder une plus grande connaissance que son courtier des genres spéciaux à ses emplois, il fera bien de se concerter le plus souvent possible avec lui. Les suites d'une mauvaise traversée, une légère indisposition, la fatigue prolongée, un faux-jour de brouillard ou dans les magasins mal éclairés, une illusion d'amateur enthousiaste, des besoins urgents d'acheter, le manque de points de repère pour évaluer des genres de laines douteux ou inconnus, et d'autres circonstances sont souvent causes d'erreurs coûteuses contre lesquelles des courtiers experts prémunissent ceux qui leur confient leurs intérêts.

7o On ne saurait trop recommander aux acheteurs étrangers, surtout ceux qui ne connaissent à fond la langue anglaise, de ne pas mettre eux-mêmes leurs enchères. Il est très facile, après quelques mois d'observation des ventes, de crier un prix, en anglais, en suivant de l'oreille l'ordre numérique avec l'addition du " half " traditionnel, qui ajoute un demi-denier à chaque offre en pennies anglais, et de se faire adjuger des lots par les vendeurs. Mais, ces derniers, en nommant le lot à vendre, glissent "sotto voce" avec une volubilité qui les distingue tous, certaines remarques très importantes que les habitués ne saisissent même pas toujours. Par exemple : Lot 12-32 balles, " as it is " c.-à-d. que dans les 32 balles il y a des balles inférieures, humides, mélangées ou défectueuses, pour lesquelles il n'y aura aucun recours admis contre les vendeurs. Il arrive aussi que ces trois petits mots, ou d'autres ayant la même signification sont doucement ajoutés aussitôt que le lot est adjugé. Dans d'autres cas, il est fait mention, avant ou après l'adjudication d'un lot, des irrégularités précitées et trouvées dans une ou plusieurs balles pour lesquelles les vendeurs déclinent toute responsabilité ultérieure. Tout cela se fait si vite, et avec un tel entrain, que les intéressés doivent toujours avoir l'oreille tendue pour ne pas y être pris.

Lorsqu'un acheteur fait ses enchères lui-même, tout le monde admet qu'il doit comprendre assez la langue anglaise pour saisir toutes ces finesses et en endosser la responsabilité. Personne ne lui fera subir un examen pour s'en assurer.

8º Dans le même ordre d'idées, les acheteurs devraient toujours laisser leurs courtiers prendre fait et cause pour eux dans les altercations et contestations avec les vendeurs ou les collègues. Il faut avoir vu beaucoup de ces difficultés pour les résoudre convenablement. Pour en citer une: le droit que chaque acheteur d'un lot de réclamer le lot suivant à l'enchère maximum, comme dernier acheteur, en anglais: *last buyer*. Cet avantage doit être réclamé dans un petit intervalle qu'il ne faut pas trop prolonger. Lorsqu'un lot vient d'être adjugé, et qu'un autre acheteur par le même courtier réclame le lot suivant, comme *last buyer*, il compromet ainsi pour le lot suivant le droit du véritable acheteur chez le même courtier, sans que ce dernier ait le droit de réclamer; ces petites choses, et bien d'autres encore, ont beaucoup d'importance aux yeux des praticiens qui en connaissent les conséquences.

9º Rentrés des docks, les acheteurs font bien d'inscrire très distinctement, sur une liste spéciale de leurs courtiers, les lots, le nombre de balles et les limites de prix à mettre pour eux, ainsi que le nombre de balles à prendre dans une séance par leurs courtiers. Ces listes de limites devraient être remises, avec signatures ou contremarques, au courtier ou à ses employés, au moins une demi-heure avant la vente, afin qu'on puisse les inscrire et les collationner. Si tous les acheteurs attendent les dernières minutes avant l'heure de vente du premier lot pour remettre des listes, plus ou moins longues et intelligibles, il est impossible aux crieurs d'enchères de les inscrire toutes et de questionner l'acheteur sur les chiffres douteux dans les limites fixées, ou de faire des observations sur des prix cotés par erreur pour des lots ne convenant pas à l'acheteur en retard. Il en est de même des petits papiers chiffonnés sur lesquels certains acheteurs tracent des limites, d'une main fatiguée et fiévreuse, pour les faire passer à un metteur d'enchères pendant la vente. On s'expose à ne pas voir mettre l'enchère, parce que le crieur doit, avant tout, soigner les limites déjà inscrites, et prendre les autres s'il n'a rien à surveiller au moment où ces petits poulets lui parviennent. Les instructions verbales mettent le courtier dans une très fausse position, car il n'a rien pour prouver aux autres amateurs du même lot, inscrit sur une liste de limites, que M. un tel lui a remis préalablement un ordre verbal qui lui donne le droit de décider pour le partage ou le tirage au sort du lot adjugé sur une limite verbale et d'autres limites écrites, selon l'usage le plus répandu. En résumé, il vaut toujours mieux remettre des limites écrites, car en cas de contestations soumises à des arbitres, c'est la limite écrite qui aurait la préférence sur un ordre verbal, pour lequel on pourrait suspecter la connivence de camaraderie du metteur d'enchères avec un amateur tardif pour un lot adjugé à bon marché.

10º Pour l'acheteur, il ne suffit pas de s'adresser à un agent, qui s'appelle courtier à Londres, pour croire que ses intérêts seront sauvegardés sur toute la ligne, surtout à l'étranger. Il y a sur place, à Londres, des courtiers éprouvés pour les différents genres d'affaires, et toutes les difficultés qui peuvent survenir au point de vue technique, financier et légal pour les affaires avec la France, la Belgique, l'Allemagne.

l'Autriche, la Russie, l'Italie, l'Espagne, les Etats-Unis, l'Afrique, etc. On sait que la législation et les usages commerciaux diffèrent dans ces pays, avec lesquels il faut acquérir une expérience sanctionnée par une longue pratique. A Londres, on trouve assez facilement des courtiers parlant toutes les langues usitées pour ces affaires d'exportation, dans lesquelles ils ont fait leurs preuves.

11° Partant du principe général que le courtier est responsable de la fidèle exécution des ordres qu'il reçoit, il est toujours très utile pour les acheteurs de donner par écrit toutes les instructions concernant, non seulement les enchères sur tel ou tel lot, mais aussi les indications suivantes: *a*, le nombre de balles à prendre de chaque genre de laine; *b*, la quantité totale à acheter dans chaque catalogue; *c*, si le courtier doit soigner oui ou non l'assurance maritime; *d*, par quel expéditeur les marchandises doivent être expédiées; *e*, quelles sont les contre-marques et numéros à faire appliquer sur les balles; *f*, s'il faut des échantillons des lots achetés; *g*, quel jour les ordres d'enlèvement doivent être remis.

Tous ces détails, insignifiants en apparence, peuvent fournir des causes importantes de litiges qu'il est bon d'éviter par des preuves écrites, dont l'exactitude est moins contestable qu'avec des ordres verbaux. Dans un procès, il est presque certain qu'un agent serait responsable des conséquences, des irrégularités dans l'exécution d'ordres précisés par lettre, tandis qu'il bénéficierait du doute des instructions vagues données de vive voix.

12° Envisagée au point de vue financier, l'affaire du simple courtage d'achat des laines à Londres parait valoir au moins le taux consacré de 1/2 0/0 payé par les acheteurs présents promettant de payer comptant. En voici les raisons :

1° Le courtier ou agent devient personnellement responsable du payement dans les quatorze jours des laines traitées pour ses clients. La plupart du temps, il n'a pas de couverture préalable, mais seulement une promesse tacite.

2° A l'expiration des quatorze jours, il arrive parfois que tous les clients n'ont pas pourvu à leurs échéances en tout ou partie. Le courtier est forcé de régler toutes les différences avec ses propres ressources.

3° Pour obliger des anciens clients bien posés, les courtiers doivent être en mesure de faire des sorties de caisse pour des expéditions pressées avant leur payement. Cela oblige les bons courtiers à tenir chez leurs banquiers des sommes assez considérables, disponibles à première réquisition, pour lesquelles aucun intérêt ne leur est alloué, ce qui augmente encore leurs frais généraux.

4° Il ne faut pas se dissimuler qu'il y a toujours un risque en banque à manipuler des fonds ou valeurs passant par plusieurs mains et par la poste; les intermédiaires peuvent les égarer, ou en différer la livraison au moment de l'impérieuse nécessité de faire face à des échéances quotidiennes souvent considérables.

5o Beaucoup de banquiers pour les services et risques précités demanderaient certainement 1/2 0/0 pour commission de banque; mais là ne s'arrête pas le travail et la responsabilité considérable des courtiers, dont on ne semble pas assez leur tenir compte. Généralement, on paraît appliquer le 1/2 0/0 de courtage pour l'ensemble des services rendus personnellement aux acheteurs, savoir :

a, Collection des catalogues chez les différents vendeurs et distribution aux acheteurs dans leurs hôtels;

b, Renseignements techniques donnés dans les docks ou en consultation chez les courtiers-experts;

c, Inscription des limites sur les catalogues et mises à prix raisonnées aux enchères, travail de précision très fatiguant à répéter fréquemment, sans profit, avec des limites souvent trop basses;

d, Défense des intérêts des acheteurs, compromis parfois par l'inattention, l'erreur des vendeurs, ou la ruse des collègues acheteurs;

e, Risques dans les séances tumultueuses d'avoir un lot adjugé pour un autre, ou de voir un lot acheté sur ordre verbal non réclamé;

f, Envoi des listes de lots achetés aux vendeurs et des contrats aux acheteurs;

g, Echantillonnage des laines, vérification, emballage et expéditions des échantillons;

h, Ordres de contremarquer, d'expédier et d'assurer les laines avec la surveillance de leur exécution, et les conséquences d'erreurs possibles;

i, Payement des lots aux vendeurs au fur et à mesure des expéditions;

j, Réception et vérification des factures des vendeurs, remise des factures et règlements avec les clients, en compte-courant ou non, et négociations de valeurs;

k, Réclamations et, au besoin, direction des arbitrages et procès contre les intendants des docks, les vendeurs, les compagnies de transports ou d'assurances pour des erreurs ou des irrégularités dans leurs services;

l, A tout cela, il faut ajouter que les plus gros acheteurs ont leurs bureaux spéciaux chez les courtiers qui pourvoient aussi à leurs fournitures de bureau, et à tous les autres petits services dont ils peuvent avoir besoin du matin jusqu'au soir;

13o Après ce tableau fidèle de la situation réelle des courtiers, on conviendra que leur travail vaut bien le 1/2 0/0 de courtage, lorsqu'il est fait consciencieusement par des gens experts.

Quel ordre, quelle méthode et quel travail soutenu il faut entretenir, dans un bon office de courtier-acheteur, pour traiter beaucoup d'affaires avec la perfection désirable, afin d'en conserver quelques fruits !

Il ne faut pas s'étonner parfois de voir le courtier sérieux, travaillant à la recherche de laines difficiles à traiter dans certaines limites pour ses clients, absorbé par ses évaluations qu'on lui demande, ne pas avoir le temps de faire les longues causeries amusantes, les solicitations interminables, les protestations incessantes de certains pseudo-courtiers, qui quêtent partout des enchères à crier, au lieu d'examiner les laines.

S'il est une loi inexorable qui impose aux négociants et aux industriels de travailler avec toutes les économies possibles, il y a, avant tout, le principe fondamental en affaires d'éviter à tous prix les risques visibles ou cachés. Si, par l'appât d'une petite économie apparente, on oublie cet axiome, on est certain, tôt ou tard, d'avoir à déplorer une pareille erreur.

On arrive naturellement à condamner le système du courtage transformé en agence de crieur public à taux réduit, et à conclure que ceux qui veulent s'y adonner ne sentent pas le poids de leur responsabilité et ne peuvent donner qu'un travail superficiel et incomplet. N'ayant pas assez de fortune, ou de garanties matérielles en rapport avec les affaires qu'ils briguent, et ne risquant rien ou peu de chose, ils s'estiment trop heureux et honorés de la confiance qu'on leur accorde parfois sur leurs flatteuses promesses. Il ne faut pas oublier qu'en Angleterre la faillite est un simple accident financier, un petit malheur, dans lequel le failli, qui sauve les apparences, a souvent plus de sympathies que les créanciers compromis, dont la confiance aveugle est vertement critiquée par les juges.

Si l'on perdait totalement de vue que le courtier en laines à Londres remplit aussi un rôle de banquier, on trouverait peut-être possible de faire baisser le courtage au-dessous du taux officiel de 1/2 0/0, surtout pour un travail technique incomplet ou simplifié. Dans ce cas l'agent, se trouverait dans la nécessité de faire beaucoup plus d'affaires pour arriver au même résultat que les autres, et partant il ferait courir plus de risques à ses clients solidaires, comme on l'a vu, sans profit aucun pour lui. Il lui faudrait des employés plus nombreux, dont les appointements augmentent sans cesse en Angleterre, à moins qu'ils n'aient ni capacités ni expérience.

Après avoir fait face à tous ses autres frais et risques, il ne resterait à l'agent rien ou pas grand'chose, afin d'augmenter ses ressources personnelles, qui sont les seules garanties matérielles pour les fonds qu'on lui confie. En tournant dans ce cercle vicieux du travail au rabais, recruté à toutes les sources sans discrimination, l'agent amasserait-il suffisamment pour traverser une crise et supporter des pertes ou des faillites ? Par contre-coup, il pourrait bien compromettre aussi les commettants qui auraient continué à faire des remises sans réfléchir aux conséquences possibles.

Toutes les maisons les mieux posées dans le courtage sont parfaitement d'accord sur ce point, et elles ne changent pas leur manière de travailler.

14e Dans l'aperçu des devoirs du courtier, à l'article 7, on a fait ressortir l'utilité pour les courtiers-acheteurs d'aller régulièrement aux docks pour évaluer les lots de laine convenables à leurs clients, afin d'aider à acheter au cours minimum praticable.

Les agents qui ne font pas régulièrement l'estimation des laines sont toujours tentés de mettre des enchères d'emblée, afin de ne pas manquer un lot, et de perdre ainsi leur courtage. Assurément, c'est un procédé brillant qui fait assez d'effet pour la galerie. Ceux qui ne lâchent leur limite maximum qu'à la dernière extrémité courent le risque de manquer un lot de temps à autre ; mais ce système modeste a ses compensations.

L'expérience et la pratique enseignent qu'en risquant de manquer un lot sur dix, afin d'épargner 1/2 ou 1 denier, soit 5 à 10 0/0, pour un lot sur une douzaine, on assure à l'acheteur un bénéfice qui n'est à dédaigner pour personne.

Le seul moyen pratique de trancher la controverse sur ce point délicat, c'est de voir aussi bien que possible tous les lots à acheter, et d'acquérir la précision d'estimation désirable pour ne mettre d'emblée que l'enchère des lots cotés à leur valeur minimum.

Pour les autres, il faut attirer l'attention des assesseurs au moment où l'on fait une mise à prix 1/2 ou 1 denier au-dessous de sa dernière limite à laquelle les enchères ne montent pas toujours, ce qui procure parfois les avantages précités.

CONCLUSION

Nous n'avons pas eu la prétention de faire un traité complet du courtier et, encore moins, de l'acheteur de laines.

Il y a des difficultés incessantes à vaincre par le travail et l'expérience, comme nous l'avons expliqué; et d'autres, qui ne se reproduisent que de loin en loin dont il serait inutile de parler ici. En simple *reporter*, il nous a paru intéressant de soumettre des observations recueillies parmi les courtiers et les acheteurs de laines depuis longtemps.

Que tous ceux qui veulent réussir dans l'une ou l'autre carrière se persuadent bien qu'elles sont également difficiles, et exigent beaucoup de travail soutenu et éclairé. Il faut aussi énormément de sang-froid et de délicatesse pour ne pas se laisser aller aux entrainements, parfois irrésistibles, des affaires traitées à l'encan.

Quoique l'abolition des réglements et précautions de l'ancien régime ne soit pas sans danger pour les acheteurs de laine, il est toujours très facile aux parties intéressées de diriger leur travail en conséquence afin d'éviter ce péril; seulement, au point de vue légal, la compétence des nouveaux agents peut être mise en doute dans les expertises et arbitrages du ressort des anciens courtiers-jurés.

De la discussion nait la lumière ; c'est pourquoi, après avoir publié le résultat de plus de vingt années de pratique et de recherches théoriques, dans les deux camps distincts des acheteurs et des courtiers, nous serons heureux de recevoir des observations et des renseignements pour éclairer les points restés obscurs. S'il nous faut encore conserver l'anonyme, afin d'avoir l'indépendance indispensable en traitant le pour et le contre des questions agitées, ou des discussions qui pourraient surgir, ce n'est pas pour nous dérober à la lumière que nous cherchons. Lorsque la question aura été discutée, avec tous ceux qui peuvent avoir de bonnes idées à donner ou des améliorations à recommander, l'auteur n'hésitera pas à se faire connaître, en remerciant le *Jacquard* de la généreuse hospitalité qu'il accorde dans ses colonnes aux questions d'intérêt général.

L'exposé des moyens employés par les anciens courtiers, pour conquérir la confiance du monde entier, pourra aider la nouvelle génération des agents libres à continuer les bonnes traditions qui ont produit une prospérité croissante dans l'industrie lainière. Tout le monde, sans exception, applaudira aux succès des nouveaux venus, arborant aussi la modeste étendard des vétérans avec la devise :

TRAVAIL, PATIENCE, HONNEUR !

-Lux.

Elbœuf. — Imprimerie SAINT-DENIS & DURUFLÉ, rue de la Barrière, 24 et 69.